AF347057

MIS LAMENTABLES Y TRISTES POEMAS

ExLibric

JOSÉ LUIS SÁNCHEZ-GARRIDO Y REYES

MIS LAMENTABLES Y
TRISTES POEMAS

EXLIBRIC

ANTEQUERA 2020

JOSÉ LUIS SÁNCHEZ-GARRIDO Y REYES

MIS LAMENTABLES Y TRISTES POEMAS

*A Trini, compañera de vida, siempre a mi lado.
No sé qué decirte, no tengo palabras.
Todo es complejo, con lo simples que somos.*

Índice

Prólogo

¡Te he releído José Luis!
Tus versos no-versos están henchidos de cariño,
de vida y de muerte. Me gustan.
Este paso tuyo por la poesía refleja un alma plena
de amor. No te conocía.
Aparentemente eres un hombre fuerte y… ¡tan grande!
Gracias por mostrarme al hombre amable y tierno que
enmascara tu apariencia.
Con cariño, Loli Carmona

Preámbulo

Me animo a escribir este libro porque después del anterior de poemas, *Aparte de soñar nos queda el mundo*, escrito junto con mi sobrina Carmen Requena Sánchez-Garrido, recibí en aquellos días, sorprendentemente, un buen número de felicitaciones vía correo electrónico, algunos escritos postales y numerosas llamadas telefónicas y felicitaciones personales. Todos estos reconocimientos me han hecho ver que aporto algo interesante y ya con algo es suficiente. Incluso he llegado a recibir felicitaciones de organizaciones de poetas y de sesudos entendidos en el asunto en cuestión. No me lo esperaba, pero hay algunas personas que hasta me entienden.

Y sobre todo, sobre todo, básicamente porque me gusta escribir y de vez en cuando escribo alguna que otra cuartilla.

Gracias a los amigos, a los que debo agradecerles su apoyo y tolerancia. A los que no les gusten es que seguramente los he pillado en mal momento, o incluso los leen por compromiso y no están habituados a leer poesía. La lectura de versos debe hacerse sin prisa y requiere su momento, su entorno, su ambiente, su silencio, la predisposición del alma para ser asumidos y, desde luego, su entonación (que puede ser mental) y su recogimiento. Si no se tienen esos requisitos, mejor no leer. No tiene sentido una lectura rápida; hay que poner los cinco sentidos, sintonizar. La poesía no es compatible con los cursos de lectura rápida.

Don Germán Arteta Errasti era mi profesor de Lengua Española en el Instituto Pedro Espinosa de Antequera, donde nos enseñaba métrica y lectura de prosa y versos, entre otras cosas. Guardo del mismo un entrañable recuerdo. Al leer mis versos está claro que aprendí poco.

Durante muchos años he sido miembro en el Sindicato Español de Escritores Profesionales, que me concedió una medalla de oro. Hubo un acto al respecto y en el mismo recité algunos poemas del libro comentado. No sé si gustaron, pero me aplaudieron. Ya con ello me vi compensado.

Estuve en Sevilla como parte del jurado en unos Juegos Florales hace muchos años. Allí aprendí que hay versos peores que los míos.

Desde siempre me han gustado los libros y la escritura. Ahora, con el coronavirus, he buscado en mis notas y compilado lo que he encontrado escrito de antes, lo que he guardado, y algo de ahora. Con ello sale este librito.

Espero que disfrutéis; si no es así, lo siento mucho, pero yo me he distraído en el confinamiento coronario. Hay que entenderlos, porque son maravillosos.

1. LA CARRERA
Año 1988, mi primer poema

Yo corrí, corrí, adelante solo vi
sin distraerme en mirar hacia atrás.
¡No me convertiría en estatua de sal!
Eso sí, sin dejar de recordar.
Apreté, apreté cuanto pude apretar.

Lloré, sufrí, patiné, resbalé, me erguí,
corrí, corrí
sin mirar hacia atrás, con frenesí;
sin querer pisar, pisé.
Lo lamenté y seguí. Tenía que llegar.
¡La meta es lejana!, no se ve.
El tiempo se consume, llovió y llovió.
Agendas alineadas repletas están.

Y después de correr vi que el tiempo se movía
y yo envejecía, pero yo no me moví.

La salud en la carrera, sentado, consumí.
Miré a los niños y eran hombres,
cuenta no me di.

Abro los ojos y me veo empezando
y las fuerzas menguando.

¿Y muchos de los demás?
Ya no están.
No se puede correr mirando atrás,
te estrellarás.
Si no te mueves, si no nadas,
te ahogarás.

Y corriendo adelante ¿a dónde vas?
Cuando llegas a la colina final del horizonte
ves otro horizonte más y más.
¿Qué hacer? ¿Frenaré y recapacitaré?
Y después volveré a correr. ¡Todavía no sé parar!
Pero de otra manera tengo tres, cuarenta y tres.
Y ochenta y seis de los pies.

(Este fue mi primer poema, publicado en la revista *Tientos*, en el número de octubre-noviembre-diciembre de 1988, y firmado con el seudónimo de Lambliasis. Residía en Sevilla).

2. VOLVER A FLEXIONAR (REFLEXIONAR)

Agosto 1992

¿Qué es esto?
¿Dónde vamos?
Incertidumbre sorprendente
con miedos y zozobras.

¿Lo sabemos?
Rotundamente, no.
O quizá sí. No, sé. No sé. Quizá.

¿Chorradas o poesía?
Luis Argote,
cajas visuales resonantes.

Rectángulos de pino sumergidos.
Vida, verdad = ocio = vacío.
Trabajo = vida/años.

Bingueros desesperanzados,
ruidos gratos de gente
que desaparece y emerge.

Profundos sin fin,
más que antípodas,
¡postmodernos!, *jilorios* y *fraquis*.
Químicos que hacen mermelada,
amaneceres alegres,
ferias tristes,
bullicios hiperbólicos.
Luz, mucha luz.

Gordos y pesados,
ágiles y refulgentes *jóvenas*.
¡Todo es posible!
¿El mundo es sonrisa?
¿Qué es?
Amabilidades.

Quizá el rumor y el olor
de la noche quieta, *seaside*,
no sé, no sé.

La segunda base no es el 43 del otro pie.

3. INCOMPLETO
Agosto 1992

Niña bajita
de ojos grandes y abiertos,
no hables fuerte.

Niña alegre y mona,
con 47 años solamente.
Niña quizá algo gordita,
no mucho,
sí chiquitita.

Niña hacendosa como ninguna,
de levantarse al alba,
de charlas largas,
accionista de Telefónica.

Niña bonita. Niña bonita.
Niña bonita. Niña bonita.
Tan chiquitita.

4. REGRESO AL TORNO (RETORNO)
Septiembre 1992

Yo soy el primero en intentar
asimilar y entender
y la arquitectura hacer
y la ilusión no quebrantar.

Olvidemos todo.
¡Qué bonito es
a un viejo amigo ver!
No lo perdamos. Apuntemos ello
en el *personal computer*.
Sí, escribamos y guardemos,
umbilicales lazos etéreos
del pueblo, de los pueblos,
de hoy y de antaño.

Terrorífico e increíble,
poco pragmático.
¿Y la ilusión?
El Club de los Viejos Amigos,
las casas viejas,
vieja la gente, vieja la piedra.

Todo ha cambiado en sí.
Quiero avanzar más
y quiero volver atrás.
No rima, pero me da igual.
Solo pretendo llegar.

5. MÁS ABURRIMIENTO
Septiembre 1992 (en ordenador, papel continuo)

Palabra inexistente.
¿Por qué no nos sentamos a garrapatear?
Esquivos no, profundos, en la superficie.

Evolución/involución/vegetación.
Comprender no es difícil, empatía.

Depresión/sobrepresión/tensión.
2.000,
un millón,
cien millones,
más.
Why?

Esto no es mío, mío solo fui yo.
Estoy *sintigo, only*.

6. ORGANIZACIÓN
Septiembre 1992

Veamos, entendamos,
recapacitemos,
frenemos, paremos,
incluso pensemos.

Adelgacemos, ordenemos,
contabilicemos,
archivemos.

Salgamos,
paseemos.

Acostémonos,
levantémonos.

¿Y después qué?

7. EN TORNO A LA FELICIDAD
1992, prosa (o lo que sea)

¿Es posible compatibilizar la felicidad con la realidad?
Quizá la felicidad sea amnesia, quizá sea olvido, quizá sea
autoengaño.
No sé, no sé.

¿La felicidad depende de nosotros?
¿La felicidad es el trabajo?
Sí, pero no siempre, ni mucho menos.
El trabajo también es lo contrario.
Felicidad ¿es el amor? Sí, claro, lo dicen todos.
A lo mejor exageran.
Felicidad ¿es el dinero? Sí, no hay que dudarlo.
El suficiente para vivir decentemente.
¿Es no deber? Sí, claro, y que no nos deban.
¿La felicidad es pulcritud y orden? ¿Quién lo duda?
Y que los niños estudien. Esto sí que es felicidad.

La felicidad no es una cosa, son muchas cosas, o no, quizá
pocas, no sé; quizá solo una cosa: la que falte.

La felicidad no es estable, va y viene,
cuando quiere se va pronto y es lenta en el regreso.
La felicidad no es un estado, son momentos.

Muchos dicen que son felices.
Muchos dicen que son infelices o se lo callan.

¿Cuál es el metro para medir la felicidad?
Lo que no se puede pesar ni medir no se puede cuantificar.
No hay medidores electrónicos de felicidad (por el momento).
La felicidad no es la monotonía insípida.

Feliz Heidi, en las nubes y rodeada de cabritos.
Los demás, pues no sé qué contestar.
Desde luego, si miras atrás
verás muchos más infelices.

¿Es la felicidad
la carencia de infelicidad?
Estoy perdido.
Quizá la felicidad ni exista
y no deje de ser una entelequia.

8. A MI HERMANA MARI TERE
1999

Hermana, hermanita,
la más pequeñita.
Hermana pequeña
y la más altita.
Hermana bonita, hermana pequeña.

Imitas bien,
teatrera inmensa,
comedianta absoluta,
corazón grande,
graciosa impresionante.

Y muy inteligente,
pues te ríes
de mis chistes
que nadie entiende.

Solidaria,
altruista,
eres en cierta medida
como nuestra madre querida.

Te preocupas de todo,
quizá más de la cuenta,
y eres más que desprendida,
desprendida sin cuenta.
Hermana chiquita y guapa,
elegante y distinta.
Tus hermanadas anuales,
que llamamos Teresadas,
sorprenden y apabullan
desde que nuestra madre falta.
Con tu Pepín del alma,
donde todo es abundante.

Inteligente y desprendida,
hermana pequeña querida,
hermana aglutinante,
hermanita chica bendita.

9. EL VUELO
1999 (año estimado)

Sentado en el suelo,
levanto mi alma al aire.
Pegado al suelo,
mi alma vuela y vuela
y yo estático me quedo.
Ya volverá.

Pienso que me quedan pocos veranos.
El olor a sal y a agua marina seguirá presente.
Simplemente, mi cuerpo y alma
quedarán ausentes.

Quizá las enredaderas sigan amarrando
cables tendidos en paredes blancas,
los visitantes vendrán y vendrán,
la playa quedará tapada,
pero yo, seguramente, me habré ido.

Una vuelta al sol da nuestro mundo al año,
cada día una vuelta sobre sí mismo.
Demasiadas vueltas.
Yo, sin embargo, estático permanezco.

10. NUMÉRICO

1999
Escrito por José Luis Sánchez–Garrido García
(José Junior) y publicado en la revista Vivir en
Barcelona en 2005.

Tan matemático que te late.
Calcula,
para tu suma rota,
de mis dedos cuál es el múltiplo
en los dígitos de tu espalda.

De resultado (será error)
¡qué escalofrío!
Me da el infinito.

Escrito por José Luis Sánchez-Garrido García (publicado
en la revista *Vivir en Barcelona* en 2005).

11. EL DÍA DE LOS SANTOS
1999

El pensamiento, el punto,
el cenit, la meditación,
cementerios escritos y poblados,
nombres, nombres y años.

Muchos recuerdos, sin duda,
y más.
Busco a los que busco,
encuentro a los que no espero.

Toneladas de flores, lápidas.
Lápidas y lápidas,
calles de lápidas y flores
y más flores.

Sí, sí, me encantan los cementerios,
no lo niego.
Me encuentro conmigo mismo,
hablo con los que no viven
y vivo hablando.

Veo los años de cada cual:
niños, jóvenes, adultos, mayores.
Años: unos pocos, otros más.
Por el momento, no veo mi nombre.

Seguro que cuando esté
todo seguirá exactamente igual.
Los noviembres me los perderé
y mi nombre no veré.

Mejor irse a la playa,
dejar de leer
lápidas y lápidas
y leer el *ABC*.

Pues no,
el cementerio me atrae, no puedo
dejar de venir ese día
donde seguro que iré.

Me gusta ir al cementerio
el Día de los Santos.
Es como una biblioteca
de lápidas de recuerdos,
de silencios y cariños.

12. EL HORIZONTE
1999

El mundo abigarrado, intenso,
nebuloso,
con claridad insultante.

Espontaneidad, incomprensión,
anhelos, deseos, sueños,
esperanzas y zozobras,
penas y alegrías y tiempo.

Los horizontes no existen,
pues cada paso que das
el horizonte da otro hacia atrás.

El horizonte está más allá del horizonte,
que es el no acabar.
¿Dónde está el final?
No lo sé.
Nada más.

13. ESCRITO POR TRINI

Sin fechar (estimo que año 2000)

Tu aliento es como la miel aromatizada con clavos;
tu boca, deliciosa como fruto tropical.
Besar tu piel es como probar el loto.
La cavidad de tu ombligo oculto, acopio de especies,
nuestros besos infinitos.
Lo demás viene después,
pero no puedo decirlo ni cantarlo.

14. PATIO DE ANTEQUERA
2003

Patio, patio de Antequera
de toldo elegante y ocre,
jazmín de muchas historias,
dama de noche,
soniquete de agua.

Olores verdes intensos,
luces diáfanas,
sombra, humedad,
aire limpio,
luz filtrada.
Recuerdos entrañables,
aire y ambiente respirado antes,
vida, alma, espíritu, paz, sosiego,
recuerdos y esperanzas.
Patio, alimento del alma.
Veo a mi madre,
hablo con ella.
¿Es esto quizá el cielo?

15. A TRINI
2004

Un Jueves Santo te conocí
en la calle Lucena, con catorce años.
En la acera,
esperando la procesión, me volví
y te vi.
El corazón se me iba a salir.

En el 58 te conocí.
Sí.
Estamos en 2004,
es fácil decir.

Siempre a tu lado.
El marido de Trini
los vecinos me llaman;
así me siento feliz.

Siempre pendiente de mí,
muchas gracias.
¿Qué otra cosa puedo decir?

16. CERCA DE LOS SESENTA
2004

Ves de pronto que muchos amigos se van,
muchos amigos en fila se van.
Unos, los menos, sin despedirse
y otros en largas despedidas.

Se van, mis amigos se van
y yo sigo de momento aquí.
Tengo que utilizar bien lo que quede,
ver lo mejor que hacer.
Esto se acaba y se va.
Y yo también.

Muchos ya no están.
La mente hace recuento
de imágenes y sonrisas constantes
de los que no veré más
mientras su recuerdo permanece
y no se borra jamás.

17. DISTANCIAS

Escrito por mi hijo José Luis Sánchez-Garrido García, José júnior (2006)

Creo que me enseñaste, en la infancia, a calibrar las distancias.

—Es una bella palabra —me decías aquella mañana mientras tus manos aún lavaban los cubiertos y platos del desayuno.

Me hablabas de espaldas, ocupada en tus labores, como una rutinaria conversación más entre madre e hijo, pero sabías que, desde mi silla alpina, donde aún no me llegaban los pies al suelo, te observaba embelesado. Siempre supiste contarme lo más complejo de la manera más simple. Pero yo, secretamente, ya intuía que fingías y te agradecía silenciosamente que fueras tan sabia y que esquivaras tan hábilmente los incómodos escenarios de las solemnes lecciones de la vida.

Te mentí aquella mañana, como tantas otras cuando traté de explicarte que la única razón para no ir al colegio era no dejarte sola para no alejarme de ti, como hizo papá cuando se fue tan lejos, tan de pronto, tras un desayuno.

—Hay muchas distancias, hijo —contestaste sin que la crueldad de mis argumentos mermara el cariño de tu tono—.

La distancia de tu padre es solo física. El espacio se anda y se reduce —sentenciaste mientras lavabas los últimos platos.

Me revolví inquieto en mi tribuna, disconforme con tu explicación y dispuesto a no desistir de mi intento de escaqueo del cole a la primera, y aun percibiendo de soslayo gotas tristes en los azulejos del fregadero, te dije como quien arroja un cuchillo:

—Hay mucho que andar de aquí a donde va papá, mamá.

Te volviste entonces, secándote las manos, y pensé que me había ganado la primera torta de mi vida, bien merecida para mi desconsuelo. Pero en lugar de eso te sentaste frente a mí y, recogiendo lentamente las migas de tostadas desperdigadas por la mesa, me comenzaste a hablar (no sé bien si solo a mí) de tus distancias.

—Hay tantas —decías—. Hay distancias en el tiempo, irreversibles; distancias de amores que fueron, que nadie quiere tocar; distancias con la familia, que convierten cualquier otro lugar en extraño; distancias que nos imponemos, religiosas o políticas; distancias con los desaparecidos y con los que vendrán. Hijo, tu vida gravitará en un mundo sustentado por tus distancias. Cada una de ellas será un hilito, un vínculo con otras personas, con tus recuerdos y sueños, con los lugares que andarás. Aprenderás a romper unas, las que puedan liar a otras o hacerte perder el equilibrio, y a soportar con firmeza aquellas que te serán imprescindibles.

Y mientras te escuchaba me imaginaba en el centro de una enorme telaraña, rodeado de miles de cuerdecitas, y solo la evocación de esta imagen ya me creaba la angustia que debe de padecer la presa de la araña misma.

—Pero mamá, yo no tengo tantas manos.

Al ver mi expresión un tanto asustadiza comenzaste a reírte de mi ingenuidad. Tu risa me sacó en brazos de mi fugaz maraña imaginaria y supe en ese instante que toda mi vida hasta entonces dependía de mi distancia segura hacia ti.

—De todas ellas, hijo, preocúpate solo de una. Aquella que te une a ti mismo. Si tu propia distancia es pequeñita —me decías suavemente, marcando la medida exacta entre el pulgar y el índice—, menos extrañas te parecerán todas las demás.

Para un niño de la edad que tenía entonces, comprender aquello no era fácil y recurrí a la cara de interrogación que tan bien me salía, frunciendo mucho el ceño, casi con enfado, esperando la traducción a mi lenguaje infantil. Entonces hiciste algo que me sorprendió tremendamente. Esparciste de nuevo, sobre la mesa, las migas de pan que habías reunido en tu mano y pensé que te habías vuelto loca o que había acabado con tu paciencia. Hasta que descubrí en unos segundos, con asombro, un universo formado de diminutas porciones a las que ibas ligando nombres y conceptos:

—Esta de aquí es tu futuro y estas otras, tus sueños; aquí está papá y esta tan redondita será tu novia. Y este morenito de corteza eres tú. ¿Y sabes? Todas tienen algo en común —decías mientras me observaba, tan minúsculo, sobre la mesa—, harina, levadura y sal.

Levanté la vista persiguiendo en tus ojos la explicación definitiva al complejo mundo de los bollos.

—Si no conoces tus propios ingredientes —aclaraste—, no sabrás que eres pan y en este mundo de migas serás siempre un extraño.

—¿Y cómo sé yo de qué estoy hecho? —te pregunté.

—Lo aprenderás en los libros, tonto —resumiste sonriendo.

Y de esta forma rompiste en mil pedazos mi perfecto plan que aquella mañana de octubre, sobre la mesa de la cocina, había elaborado con maestría y creía infalible para no ir al colegio. Ahora el colegio no solo estaba ridículamente cerca; además, lo necesitaba imperiosamente para acortar las distancias con el mundo y con mi padre.

No tuve nunca, o casi nunca, la sensación de un extraño en los años que pasamos en continuos viajes. Encaré una nueva vida con la seguridad de saber cuáles eran mis distancias vitales y aprendí a tirar de ellas. Me esforcé por conocerme, por medir la longitud de mi intimidad para recortar el espacio con el mundo. Años más tarde, mientras hablaba a mi hijo con un puñado de migas de pan en las manos emulando tus lecciones, me quedé en silencio un largo rato, evocando aquella mañana.

Ahora camino despacio. Recordándote. Creo que deben de ser las últimas brisas. Apenas balancean las hojas secas de esta vereda. Se vacía la tarde con urgencia por abandonarse. Te hubiera gustado ese horizonte que enrojece su despedida; tiene la suavidad de tus miradas. Lo demás es todo silencio. Enmudece el aire y me acerca a ti. Te percibo entretenida, de espaldas a mí, como si nada hubiera cambiado desde aquel día en la cocina. De todas las distancias que me enseñaste se te olvidó una: aquella que no existe.

18. MIS HIJOS

2007

Mucha suerte tengo, es verdad,
con Jose, Eva y David.
Mucha suerte tengo.
Mucha suerte, sí.
Mucha suerte, es así.

Los tres son buenos amigos,
los tres se apoyan y ayudan,
los tres se llevan muy bien.
¡Qué bien!

Los tres tienen la mente clara,
los tres sin complejos ni gaitas.
¡Qué bien!

Mientras yo viajaba y viajaba,
años y años, su madre los educaba.
Menos mal, qué bien.
Yo no lo hubiese
hecho tan bien.

19. EN EL TÚNEL
Agosto 2008

Cuando ves que el cuerpo te pesa,
cuando ves que la fuerza se ha ido,
solo te queda el alma ágil y plena,
el alma que vuela y vuela en el etéreo infinito.

El alma clara y transparente,
el alma del alma mía,
alma mía viva y ligera,
alma del pasado y del futuro incierto.

Alma del olvido,
alma descuidada
en cielo azul excesivo,
el mar con sus abanicos.
En el fondo, el aire auténtico
y la vida se deshoja.

El cuerpo, fallecido en el trabajo,
intenso y con mil problemas;
la mente, sobrecogida con mil avatares.
Andas, más bien deambulas,
pero te queda el alma.
Te quedas tú.

20. A MI QUERIDO PADRE

Por Eva María de la Santísima Trinidad Sánchez-Garrido García (2008)

Leo tus palabras escritas
y siento curiosidad por saber lo que sientes de verdad.
De apariencia fuerte y muy débil en el fondo,
muy débil, muy débil.
Tus sentimientos se confunden del todo.
Me has dicho que quieres triunfar.
¿Más?

Me hago una pregunta:
¿qué es para ti triunfar?
Para nosotros, tus hijos y tu mujer, ya has triunfado.

Y me hago la misma pregunta:
¿qué es para ti triunfar?
Para nosotros (y ahora digo tus hijos) eres un modelo para
seguir.
Pero también te decimos que tienes muchos defectos
que corregir.

Tú nos has dado el mejor regalo, la vida,
pero ahora para nada te cuidas.
De ti hablamos con orgullo,
pero a veces te portas

como un capullo.
Y en mi interior gritar te escucho:
«¡Quiero vivir!».
Pues eso es fácil; solo tienes que quererte
y cuidarte un poco más.

Y en nuestro interior escuchamos:
«¡QUEREMOS QUE VIVAS MÁS!».

Tú, padre, que tienes algo especial.
Tú, padre, que tienes muchas más virtudes que defectos.
Tú, padre, que eres único.
Tú, padre, que eres nuestro padre.
Tú, padre. Para nosotros eso es TRIUNFAR.

21. A MI HIJA EVA

2015

Eva, mi hija Eva.
Eva, inteligente y clara.
Eva, positiva y transparente.
Eva, madraza persistente.

Mi corazón se alegra solo con verte.
Eva brillante.
Eva del alma.
Eva linda.
Eva trabajadora.
Eva emprendedora.
Mi Eva valiente.
Eva magistral.
Es mi Eva del alma.

Y me quedo corto.

22. MI HERMANA MELY

2015

Mi hermana querida, Mely del alma.
Tesoro precioso, inteligente, lista
y muy brillante.
Mi hermana de Colorado, de Cuba, de New York,
de Venecia, de Lisboa, de China y de toda España.

Mi hermana
que eclipsa el sol,
todos estamos de acuerdo.
Todos estamos de acuerdo
que es de calidad superior.

Mi hermana del alma,
hermana viajera,
hermana observadora,
hermana humana,
hermana cariñosa,
que vive cada minuto la amistad,
los sentimientos y la sinceridad.

Hermana, ¡eres genial, siempre lo serás!
Tremenda hermana mía.

23. A MI MADRE MUERTA, LA PERSONA QUE MÁS QUIERO DEL MUNDO

2015

Hoy es el día de tu santo.
Mentalmente nos hemos hablado
y te he felicitado.

Tu imagen y tu recuerdo
sabes bien que permanecen
constantes en mi mente.
De ti procedo, tú me hiciste.

Tú me enseñaste
y seguimos hablando.

Tu sonrisa eterna,
tu amor desmedido,
tu comprensión
no tienen parangón.

Mis hijos parte llevan de ti,
cristalinos ecos y lloros eternos,
ramas y ramas del árbol infinito.
Madre eterna, eres mi guía.

Te moriste dos veces.

24. HIMNO AL VIENTO DE LEVANTE

2015

¡Ah!, rumor del viento, pinos esbeltos,
pinos verdes, sensaciones dormidas
que el levante despierta.

Coquinas enterradas en la arena
que el viento deja ver,
calles llenas de arena
por ti, viento amigo.

Andares cansinos, azotados por tu fuerza.
Todos los levantes sois iguales y distintos
como los pinos altos que meces.

Quiero elevar mi alma por el viento
e ir muy lejos y que suba
y suba del suelo al infinito,
llevado por ti, levante amigo.

25. ESCRIBIR RÁPIDO
2015

Escribo rápido y presto
porque es el alma despertar,
es soltar energía
haciendo caso omiso a la ortografía.

Dejo libre a la musa,
mi musa es así.

No cambio los suspiros recónditos
que vienen de los rincones del alma,
no me dejo influir, soy así.
Y que opinen…

Mi paso ni es mentira ni es verdad,
no es medible ni convencional.
Es como es; simplemente, vital
y ya está.

26. ME ENCANTA CUANDO DUERMES

2016

Me encanta cuando duermes;
no te mueves y descansas,
apacible sueñas.
Te levantas temprano y activa,
mientras yo no duermo y me levanto
arrastrado para ir al trabajo.

Me encanta cómo cuidas a tus hijos y nietos,
que te adoran.
Y lo bien que cocinas,
pero me engordas.
Lo bien que arreglas tus macetas,
que son vida,
y lo poco o nada que te he ayudado.

Nos conocimos muy pronto,
mucha agua ha circulado
bajo los puentes de nuestras vidas.

Vidas intensas, de amplios abanicos
que siempre juntos hemos superado.

Y no sé cómo agradecer
tu cuidado y apoyo,
que siempre de ti he tenido.

Tu cariño de cada minuto,
menos cuando te enfadas.
Cuando, tú dormida, pasa mi brazo por tu cintura
me enternece tu sueño y sueño.

Sin duda, he tenido mucha suerte.
Siempre pendiente de mis desvelos.

Me encanta verte cuando duermes
y te observo un rato.
Te miro mientras duermes,
tranquila y feliz,
y alegras mis inquietudes.

En mis noches continuas
de insomnios tremendos,
yo te miro y remiro
mientras duermes.

Miss Renfe local en su momento
con todo merecimiento,
cuyas fotos guardo
de tu belleza tremenda
que ahora mantienes.

Me gusta cuando duermes…

27. ODA AL MAR DE BARBATE

De mi libro *Barbate, Barbate* (2018)

¡Oh, mar que te pierdes en el infinito!
Aquí, en este mar, lecho de gran batalla,
que ahora es de embarcaciones breves
que con valentía te surcan.

Mar de miedos y alegrías.
Mar de trabajo y de lucha.
Mar de incertidumbres y angustias.
Mar de esperanzas y sueños.
Mar de Barbate.
Tu mar, de aquí,
del buche del Estrecho.

La bandera de Barbate
tiene tu mar y tu atún transoceánico.
No paras de acariciar la playa
o de atormentarla.
Te desbocas por el Estrecho y arrastras el aire;
a tu lado hasta el sol se aplaca
y la mente se relaja.

Barbate y el mar. El mar y Barbate.
El uno para el otro y el otro para el uno.

El sonido del mar, el murmullo, hablas y hablas
en tu lenguaje intraducible.

Me gustaría cantarte de forma inolvidable,
con versos con la rima del alma.
Eres demasiado grande, mar infinito.
Siempre estás, siempre vives
cuando los demás se han ido.

Mar eterno, siempre lleno.
Ya oscurece y empiezas a cambiar de color.
¡Oh, mar de Barbate! Mar multicolor.

Nota: Un espectáculo para mí único es ver llover sobre el
mar mojado en invierno. Y los paseos veraniegos al anochecer
en el paseo marítimo.

28. BARBATE
2018

Barbate, nombre de río,
río que da nombre a Barbate,
en el filo del mapa,
en el borde del mar.

Playa del Carmen
tan cercana,
vientos de levante,
arenas doradas,
atunes japoneses…

Todo allí se alía,
todo allí se para,
todo allí dormita,
mas ahora Barbate
está despertando
con las claras del alba.

Mientras miro por la ventana
el ancho mar y
las luces del puerto a lo lejos,
mi alma sueña.

29. EL FINAL
2018

La película sé que se está acabando,
no me digas que falta mucho.
Sé que estamos llegando al final
sin apenas empezar.

El final se aproxima,
llega próximo el final;
no sé cuándo, pero la película se acaba,
los soldados han matado a casi todos los indios.

Me gustaría evitar el final,
no le tengo miedo,
pero tampoco mucha simpatía.

En 2015, en el hospital,
la muerte inmediata vi,
pero por muy poco viví.

He sorteado hasta ahora
el irme de aquí
y si puedo voy a seguir así.

¡Quiero vivir!
Nada más, nada menos.

Solo eso.
Nada más, nada menos.
Nada más, nada menos.

30. LA NOCHE

2019

En la noche, rodeado de libros.
Paso así la noche
mientras todos duermen.
Yo no duermo; sí soy, sí estoy.

Solo sé que no puedo frenar el tiempo,
que la vida se va consumiendo
y se va consumiendo y consumiendo
sin poder frenar el tiempo,
consumiendo y consumiendo.

Quería comerme el mundo antes,
yo solo.
Iba con la tensión más que alta
y hoy solo queda el corazón maltrecho.

Pero no quiero irme sin hacer
algo que aportar.

Quiero hacer algo
por este mundo dolorido,
tan bonito y duro,
mientras me voy marchitando…
Y así ser agradecido.

31. A LA SEÑORA LOLI CARMONA
Mayo 2019

De noche, hace unas noches, a algo más de las dos de la mañana, mirando el cielo te vi en el mismo. Me senté y sobre la marcha escribí esto:

Quiero escribir los versos
más bonitos esta noche.
Quiero y anhelo describir
cómo es una distinta estrella
que titila y brilla en el espacio eterno.

Quiero contar cómo es la dulce belleza que irradia
de su luz profunda, blanca y eterna.
Quiero contar, si puedo,
por qué es una estrella distinta del cielo.

Quiero cantar con versos alegres y trémulos,
guiados solo por la rima del alma.
Quiero explicar por qué la mente
vuela y vuela y el espíritu gravita.

Quiero contar cuando oigo recitar por ella
sus rimas de susurros y cadencias.

Quiero contar lo que ella ha escrito.
Quiero contar como tú, Loli Carmona,
eres la estrella que escribes y cantas
tus versos distintos mientras tu mirada se pierde
en el horizonte infinito.

32. LA BIBLIOTECA
Abril 2020

Silencio que se oye,
tiempo que se para,
libros amigos,
acompañantes eternos.

Horas que pasan.
¡No puedo abarcaros!
Vuestros saberes inmensos.

Anhelos que vuelan,
corazón que late,
tiempo que pasa.

Biblioteca amiga,
tú eres una parte del yo.
Yo sin ti, biblioteca,
¿qué sería?

Me cuesta a ratos
tener que dejarte,
biblioteca amiga,
que nunca me dejas
en mis noches de silencios.

Yo sé bien que me comprendes,
biblioteca amiga.
Ni una página de ti tiro.
Soy algo así como un libro más en tu inmenso estante.

33. EL VIRUS

Madrugada del lunes, 6 de abril de 2020

Enclaustrado en mi casa eternamente,
he roto los días y las noches.
Las noches las he hecho día
y los días cualquiera diría.

El virus cabrón que acecha
y que como te toque te mata.
A mí es fácil, por edad,
quitarme de en medio, virus.
No tiene ningún mérito.

Vivo agazapado en casa
para que no me encuentres,
esperando que pasen las horas eternas
y salir como todos de la prisión
donde nos has metido,
virus cabrón.

Virus, al vivir en una casa
mi encierro es mucho menor.
Tenemos otra cosa importante,
tenemos espacio, que es libertad.

Virus, vete ya.
Vamos a ver si esto se acaba.
Virus, lárgate, pero de este mundo;
déjanos respirar, que es lo esencial.

Ya hemos aprendido bien la lección.
Me has roto los días y también las noches.

Vete y no vuelvas, déjanos ya
con los horribles destrozos.

Virus, muérete.
O tener algo que te mate.

Virus, vete ya.
Ya vete, virus.
Vete, hombre,
lárgate.
Ya está bien,
déjanos respirar,
no te lleves más.

34. A MI QUERIDÍSIMO HERMANO ANTONIO
Abril 2020

Te fuiste, hermano, te fuiste,
aunque ya en parte te habías ido.

Te fuiste, hermano Antonio,
te fuiste.

No pude al volver a Antequera,
hermano,
hablar infinito contigo
como quería,
pues ya en parte te habías ido.

Estar mucho juntos,
disfrutar solo viéndonos,
no hacía falta más.

Cuando era niño,
si alguien se metía conmigo
decía: «Llamo a mi hermano mayor,
que me defienda».

Todos los hermanos te lloramos
y Mely, si cabe, aún más.

Te fuiste, hermano Antonio,
siendo con mucho el mejor,
sin dudar.

Más desprendido que nadie,
siempre con la familia clamabas:
«¡Aquí que no falte ni gloria!».
Juntos los hermanos,
¿para qué más?
A disfrutar.

Contigo me sentía más seguro,
sabía que te tenía,
sin hablar hablábamos,
no hacía falta conversar.
Unos hermanos unidos
por suerte siempre hemos sido.

Tú cuidabas de todos,
hermano Antonio del alma.

Escribiendo ahora
mis ojos se humedecen
y rompo a llorar
en este amanecer de silencios
en nuestra Antequera natal.

Paro de escribir
mientras dejo las lágrimas soltar.

Hermano querido,
hasta pronto.

Gracias, hermano, por todo, por lo mucho que te debo.

Epílogo

Volveré, posiblemente, a escribir pocos poemas. Pero tampoco lo sé. No me pongo a escribir poemas; solamente, de vez en cuando, delante de una cuartilla, sin tenerlo previsto, garrapateo y escribo un par de páginas. Sin saber por qué.

Tampoco hay que buscar razones a todo.

Mis versos no tienen rima,
mis versos no buscan métrica,
mis versos no son versos;
pero son mis versos no-versos
y salen del corazón.